PARA
BRINCAR DE
LER E
ESCREVER
2

Maria Fernandes

Ilustrações **Lais Dias**

carochinha

1 Preste atenção às dicas abaixo para completar a cruzadinha.

Dicas

1. Aquilo que a gente veste.
2. O mesmo que amassada.
3. Da cor do sol.
4. Aquilo que fica no meio do bolo.
5. Brinquedo feito de penas.
6. Discussão, desentendimento.

2

Veja a planta desta casa e a lista de palavras do quadro. Depois, escreva os nomes dos cômodos nos espaços indicados na planta.

QUARTO
COZINHA
SALA
BANHEIRO
QUINTAL
LAVANDERIA
GARAGEM

3 Você conhece os direitos do consumidor? Sabia que existe uma lei só para isso? Leia o texto abaixo para conhecer alguns desses direitos e, em seguida, faça o que se pede.

CONHEÇA ALGUNS DIREITOS PREVISTOS NO CÓDIGO DE DEFESA DO CONSUMIDOR

1. Proteção da vida e da saúde

Antes de comprar um produto ou utilizar um serviço, você deve ser avisado pelo fornecedor sobre os possíveis riscos que eles podem oferecer à sua saúde ou segurança.

2. Liberdade de escolha de produtos e serviços

Você tem todo direito de escolher o produto ou serviço que achar melhor.

3. Informações

Todo produto deve apresentar informações claras sobre características, composição, quantidade, data de fabricação, prazo de validade, preço e modo de utilização.

4. Proteção contra publicidade enganosa e abusiva

O consumidor tem direito de exigir que tudo o que for anunciado seja cumprido. A publicidade enganosa e a abusiva são proibidas pelo Código de Defesa do Consumidor, sendo consideradas crimes.

5. Indenização

Quando for prejudicado, o consumidor tem direito de ser indenizado por quem lhe vendeu o produto ou lhe prestou o serviço, inclusive por danos morais.

Fonte: Portal do Ministério da Justiça. Seção Direito do Consumidor. Disponível em: <http://www.justica.gov.br>. Acesso em: 7 abr. 2014. Texto adaptado para fins didáticos.

- Agora, converse com seus pais, irmãos ou outros adultos que moram com você sobre os deveres e as regras da casa. Em seguida, anote esses deveres e regras no espaço abaixo, numerando-os.
- Quando terminar, mostre a lista para a sua família e, juntos, façam uma votação para eleger as cinco principais regras da casa.
- Depois da escolha, passe a limpo numa folha de papel grande e peça permissão aos seus pais para fixá-la em um lugar visível, como na geladeira ou na porta da cozinha.

4 Os alunos do 4º ano da Escola Tupi vão fazer uma pesquisa sobre acentuação gráfica. Para ajudá-los na compreensão do uso dos acentos, o professor quer organizá-los de acordo com a posição da sílaba tônica de seus nomes. Observe os nomes dos alunos na lista abaixo e, depois, identifique quem pertence a qual grupo.

Abel	Clécio	Josué	Rosângela
Álvaro	Débora	Lúcia	Tomás
André	Doroteia	Mônica	Vânia
Cláudio	Inês	Rômulo	Vítor

GRUPO 1: OXÍTONAS

1. ______
2. ______
3. ______
4. ______
5. ______

1. Oxítona terminada em A, seguida de S.
2. Oxítona iniciada em A e terminada em E.
3. Oxítona iniciada em J e terminada em E.
4. Oxítona não acentuada iniciada em A.
5. Oxítona terminada em ES, com acento circunflexo.

6. Paroxítona iniciada pela letra L e terminada em ditongo.

7. Paroxítona com acento circunflexo terminada em ditongo IA.

8. Paroxítona terminada em R.

9. Paroxítona não acentuada terminada em A.

10. Paroxítona com seis letras terminada em ditongo IO.

11. Paroxítona terminada em ditongo IO com letra inicial C e com sete letras.

GRUPO 2: PAROXÍTONAS

6. ____________________

7. ____________________

8. ____________________

9. ____________________

10. ____________________

11. ____________________

GRUPO 3: PROPAROXÍTONAS

12. ____________________

13. ____________________

14. ____________________

15. ____________________

16. ____________________

12. Proparoxítona iniciada pela letra R e terminada em O.

13. Proparoxítona iniciada pela letra D.

14. Proparoxítona com nove letras.

15. Proparoxítona com seis letras e iniciada pela letra M.

16. Proparoxítona terminada em O.

5 Para completar a cruzadinha a seguir, você precisará usar oxítonas acentuadas na horizontal e paroxítonas não acentuadas na vertical. Veja a lista de palavras nos quadros abaixo.

4 LETRAS
meia
robô

5 LETRAS
jogos
sabiá

6 LETRAS
chinês
dominó
jacaré
jiboia

8 LETRAS
heroicos
maracujá

9 LETRAS
brinquedo

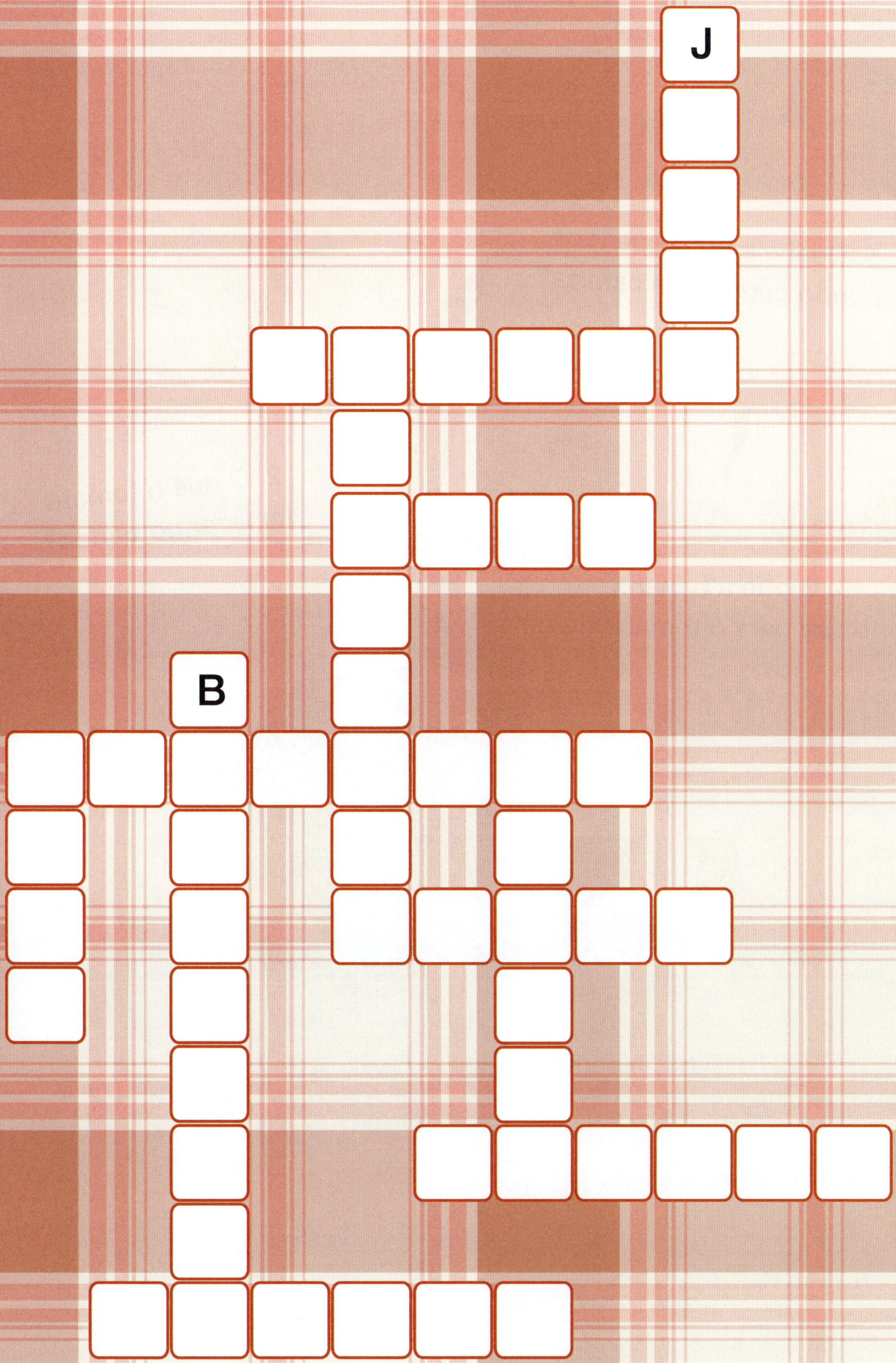
J
B

6 Adivinhe se puder...

1. Qual é a fruta que todo mundo carrega na camisa?

___

2. O que o tomate foi fazer no banco?

___

___

3. O que a banana disse para o tomate?

___

___

___

Agora, releia as charadas e suas respectivas respostas e identifique:

a) Um verbo que indica ação.

___

b) Um verbo que indica estado.

___

7 Observe o mapa da fazenda, leia as placas com atenção e responda às questões.

a) Quais palavras são terminadas em S? O que a presença dessa letra indica?

____

____

b) Quais palavras não são terminadas em S? O que a ausência do S indica?

____

____

8 Que tal organizar uma videoteca?

Em uma folha de rascunho, escreva os títulos dos seus filmes prediletos. Recorte de jornais ou revistas a propaganda de um filme a que você assistiu ou gostaria de assistir.

Converse com um bibliotecário sobre as formas usadas para organizar os livros, anotando tudo o que ele lhe contar.

Agora, organize sua lista de filmes de acordo com as informações abaixo.

TÍTULO DO FILME	NOME DO PERSONAGEM PRINCIPAL

O que há em comum entre a forma que você organizou os filmes e aquela usada pelo bibliotecário para organizar os livros?

____

____

____

9 Leia a receita abaixo para responder às questões a seguir.

QUINDIM

24 PORÇÕES

PREPARO: 1h30 **COZIMENTO:** 40 min

INGREDIENTES

12 ovos (você vai usar 10 gemas e 2 ovos)
350 g de açúcar
300 g de coco ralado fresco
1/4 colher (sopa) de manteiga à temperatura ambiente

Se você quiser fazer quindins, peça ajuda a um adulto.

1. Separe as claras das gemas. Bata as 10 gemas por 1 minuto. Acrescente os 2 ovos inteiros e bata por mais 1 minuto. Em seguida, adicione o açúcar aos poucos. Coloque a manteiga e continue batendo até que a mistura fique cremosa.

2. Junte o coco ralado e bata mais um pouco, bem rápido.

3. Unte com manteiga 24 forminhas com cerca de 6 cm de diâmetro. Polvilhe as forminhas com açúcar.

4. Preaqueça o forno a 220°C por cerca de 10 minutos. Despeje a massa nas forminhas, enchendo quase até a borda, e deixe assar por 30 minutos.

5. Antes de desenformar, faça um teste. Passe a faca em volta de uma forminha e vire-a em um prato. Se o quindim ainda estiver mole, deixe mais um pouco no forno. Quando estiver pronto, desenforme, leve à geladeira e sirva geladinho!

a) Circule cinco adjetivos que aparecem na receita.

b) Por que esses adjetivos são importantes?

____

____

____

Como acertar

É muito importante usar o coco ralado fresco, facilmente encontrado nas feiras livres. Como, em geral, o que se encontra é o coco ralado grosso, bata-o no liquidificador ou passe-o em um processador para que fique mais fino. Atenção: o coco ralado fresco só pode ser conservado na geladeira por um dia.

10 Leia atentamente os trechos das correspondências e, em seguida, responda às questões.

SECRETARIA MUNICIPAL DE EDUCAÇÃO

PREFEITURA

Fortaleza, 31 de abril de 2014.

Meritíssimo diretor do Colégio Mello Ribeiro,

Gostaria de agradecer a participação dos alunos do Ensino Fundamental nas Olimpíadas de Matemática do estado do Ceará, fato que abrilhantou o evento e elevou o nome de nossa cidade.

Atenciosamente,
Dirceu Soares
Secretário Municipal de Educação

3/2/2014

Vivi,
Você pode vir fazer comigo o trabalho de Geografia, hoje à tarde, na minha casa?
Aguardo sua resposta.

Um beijo,
Mariana

a) Identifique e circule os pronomes de tratamento utilizados nas diferentes mensagens.

b) Eles estão corretos? Explique.

____

____

____

c) Quais são os pronomes possessivos que aparecem nas mensagens? A quem cada um deles se refere?

____

____

____

11

Uma das características dos prefixos é que, ao se juntarem com outras palavras, eles podem enfatizar o sentido delas ou mesmo modificá-lo. Leia abaixo o significado de alguns deles. Depois, preencha as lacunas da página ao lado unindo os prefixos às palavras em destaque, mantendo o sentido do texto.

micro-
que é muito pequeno.

pluri-
que reúne muitos.

hiper-
que está acima de; além de; demais.

contra-
que é contrário; que se opõe.

semi-
meio; metade.

O trabalho de Ricardo estava **concluído**, ao contrário da pesquisa de Ivan, que só tinha metade das informações necessárias ao projeto.
O trabalho de Ivan estava ______________________.

Fabrício é uma criança **ativa**, mas não se compara com o irmão, que não para um minuto sequer.
O irmão de Fabrício é uma criança ______________________.

A prefeitura organizou um evento **cultural** diferente, misturando diversas tradições e saberes de origem italiana, alemã, eslava e brasileira.
O evento da prefeitura foi ______________________.

O medicamento receitado pelo médico não era **indicado** para aquele paciente.
O medicamento era ______________________.

Nos últimos anos, as pesquisas científicas sobre pequenas e delicadas **cirurgias** têm avançado consideravelmente.
As pesquisas sobre ______________________ têm avançado nos últimos anos.

12 Nas manchetes de jornal abaixo, algumas palavras estão escritas incorretamente no que diz respeito ao uso do hífen. Circule-as e escreva-as corretamente no campo indicado.

A cidade olímpica construída para os jogos tem ótima infra-estrutura.

____

Bombeiro é aclamado "superhomem" depois de salvar três bebês de incêndio.

____

Cresce o número de atividades extra-escolares na rede pública de ensino.

____

Auto-retrato de Michelangelo é descoberto na Capela Paulina do Vaticano.

____

Chuva no semi-árido anima agricultores.

____

13 A ficha técnica é um recurso muito usado para resumir informações sobre um animal, produto ou objeto de qualquer tipo. As fichas precisam ser práticas e, por isso, os dados devem ser organizados de maneira que qualquer pessoa possa encontrar as principais características daquilo que está sendo descrito. Leia o texto a seguir e, depois, faça uma ficha do jabutipiranga de acordo com o modelo abaixo.

VOCÊ CONHECE O JABUTI?

Qual é a diferença entre a tartaruga e o jabuti?

As tartarugas vivem na água doce ou salgada e têm o casco achatado. Já os jabutis são terrestres; o casco é alto e abaulado. No Brasil, há duas espécies de jabuti: o jabutitinga (*Geochelone denticulata*), maior, e o jabutipiranga (*Geochelone carbonaria*), um pouco menor e mais conhecido. Encontrado em grandes áreas abertas de matas e cerrados, o jabutipiranga se alimenta de frutas, folhas, flores e, de vez em quando, não recusa alguns invertebrados. Costumam viver de 50 a 80 anos – ou até mais que isso. As fêmeas costumam colocar de 1 a 9 ovos de cada vez; os filhotes nascem após 5 a 10 meses, têm cerca de 4 a 5 cm de comprimento e, quando adultos, os machos alcançam mais de 50 cm de comprimento. Infelizmente, a caça ao jabutipiranga é constante, seja para o consumo da carne, seja para a venda como animal de estimação – duas práticas ilegais.

Nome	
Nome científico	
Do que se alimenta	
Onde vive	
Quantos anos vive em média	

14

O professor de Rita deu a ela uma missão: organizar três conjuntos de palavras de acordo com a acentuação de cada uma. Rita conseguiu reunir as palavras, mas se atrapalhou ao listá-las, inserindo em cada conjunto uma palavra que não deveria estar ali. Encontre-as e circule-as nos quadros abaixo.

CONJUNTO 1

série
distância
água
pacífico
glória
fácil

CONJUNTO 2

saída
saúde
viúva
miúdo
atlântico
saúva

CONJUNTO 3

maiô
jacaré
judô
francês
carijó
fantástico

Por que essas palavras estão no lugar errado?

____

____

15 Em vários serviços de saúde, são feitas campanhas para prevenir e controlar a dengue. Você também pode colaborar. Peça a um adulto uma folha de cartolina e siga o roteiro abaixo.

CARTAZ DE PREVENÇÃO DA DENGUE

- Elabore um cartaz para ser colocado em um lugar público: padaria, supermercado, farmácia, escola, posto de saúde, agência dos correios etc.

- Primeiro, escreva as informações em uma folha avulsa e confira se todas as palavras estão escritas corretamente. Se for necessário, use um dicionário e peça ajuda aos seus pais ou professor.

- Distribua as informações no cartaz, usando letras de tamanhos e cores diferentes para chamar a atenção do leitor. Você pode ilustrá-lo com desenhos ou recortes e colagens.

- Mostre o cartaz a um colega e depois escolha um lugar da escola, do bairro ou da cidade para colocá-lo. Dessa forma, você estará ajudando a prevenir a dengue.

16 Os amigos virtuais (que não se conhecem pessoalmente) se comunicam muito por e-mail ou programas de mensagem instantânea. Imagine que você tenha um amigo virtual e escreva um e-mail para ele. Você pode optar entre três temas. Escolha um deles na caixa de assuntos abaixo e siga o roteiro de produção e revisão.

CAIXA DE ASSUNTOS

- Convite para sua festa de aniversário
- Convite para uma sessão de cinema
- Convite para ir à sua casa jogar dominó

ROTEIRO DE PRODUÇÃO E REVISÃO

- Se você não tiver um amigo virtual, invente o endereço de e-mail de um amigo. O formato pode ser amigo@amigo.com.br.
- Depois de escolher o assunto, escreva um rascunho na página ao lado.
- Mostre o texto para um adulto da sua família ou para seu professor e faça as modificações que ele pedir.
- Se você tiver oportunidade, mande a mensagem pela internet.

Destinatário: ____

Assunto: ____

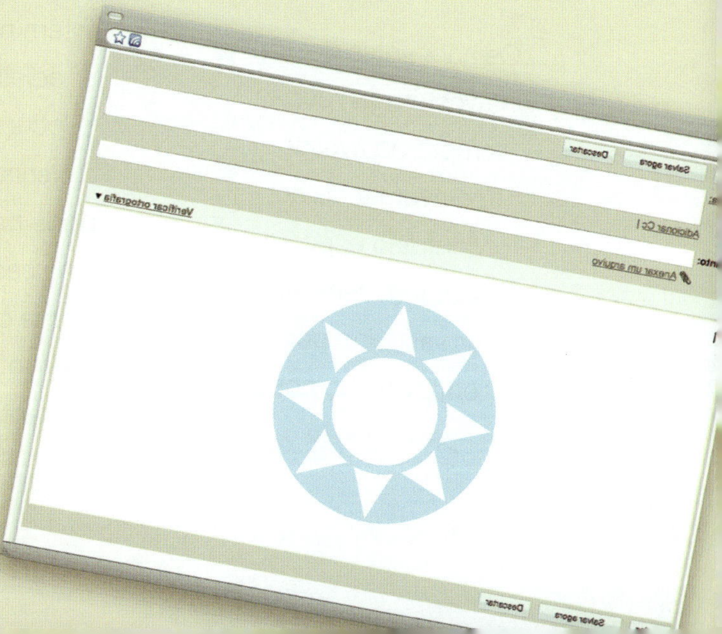

17

Imagine que você está a bordo de um navio que partiu do porto de Santos, na costa brasileira.

Em alto-mar, você viaja tranquilamente, com mais dez marinheiros, até que...

Siga o roteiro abaixo para criar, na página ao lado, uma história emocionante e cheia de aventuras.

NARRATIVA DE AVENTURA

- Escolha como destino uma das três ilhas inventadas listadas abaixo.
- Utilize os elementos mencionados sobre a ilha escolhida; não se esqueça de descrever a geografia do lugar.
- Depois, revise seu texto e entregue-o a um adulto de sua família ou a seu professor.

ILHA DO CONTRÁRIO

Os habitantes dessa ilha vestem as roupas sempre do avesso. Escrevem tudo ao contrário e, por isso, têm sempre um espelho por perto. São ótimos pescadores.

ILHA DOS ADJETIVOS

Todos os habitantes têm no nome um adjetivo ou uma locução adjetiva. Nenhum visitante pode permanecer na ilha sem adotar um nome que tenha um adjetivo. A ilha é cheia de plantas carnívoras.

ILHA DAS DIFERENÇAS

Nessa ilha, ninguém é igual a ninguém. Todos acham isso muito importante. Há um lago, no meio da ilha, chamado Respeito. Uma vez por dia, os habitantes tomam banho nesse lago.

18

Quando você ficar adulto, vai se lembrar do tempo que passou na escola. Os amigos, as brincadeiras, os professores, as aulas... Tudo isso fará parte da sua história. Converse com seus pais ou familiares sobre a época em que eles foram alunos. Pergunte como eram os professores, as provas, os colegas etc. Anote em uma folha à parte tudo o que achar interessante.

Em seguida, invente uma narrativa com base nessas anotações utilizando as dicas do roteiro abaixo. Quando terminar, consulte o quadro de revisão para passar o texto a limpo na página ao lado.

NARRATIVA DE MEMÓRIAS

- Quem são os personagens?
- Quando essa história aconteceu?
- Onde ela ocorreu?
- O que aconteceu?

QUADRO DE REVISÃO

- Você seguiu o roteiro?
- Os parágrafos estão organizados?
- A pontuação está correta? Preste atenção às vírgulas.
- Todas as palavras estão escritas corretamente? Se tiver dúvidas sobre a ortografia, consulte o dicionário.
- Você deu um título ao seu texto?

RESPOSTAS

p. 4, atividade 1

A cruzadinha é uma boa atividade para refletir sobre o código linguístico e a ortografia. Deixe que os alunos tentem resolvê-la sozinhos, orientando apenas quando houver dificuldade. Para tornar este tipo de atividade mais instigante, promova seções de cruzadinhas temáticas – por exemplo, sobre esportes, ecologia ou outro assunto de interesse dos alunos. Além de contribuir para o trabalho interdisciplinar, essa diversificação com foco em assuntos específicos permite aos alunos aprimorar o vocabulário e enriquecer o repertório cultural.

Respostas:

p. 5, atividade 2

Atividades como essa permitem ao aluno desenvolver a linguagem escrita com base em assuntos cotidianos e gêneros textuais diversificados. Na mesma linha, pode-se propor que, em grupos, eles desenhem a planta da classe e escrevam os nomes de todos os alunos e do professor.

Respostas:

1. Garagem
2. Sala
3. Quarto
4. Banheiro
5. Cozinha
6. Lavanderia
7. Quintal

pp. 6 e 7, atividade 3

Atividades como essa permitem aliar a produção escrita a temas ligados à cidadania e à ética, como os direitos das crianças e dos adolescentes, o respeito ao idoso, a preservação do meio ambiente e o combate ao tráfico de animais silvestres.

Resposta pessoal.

pp. 8 e 9, atividade 4

Atividades desse tipo contribuem para o estudo da acentuação gráfica de forma lúdica e desafiadora. A partir desse modelo, é possível elaborar também atividades de exploração de conteúdos ortográficos.

Respostas:

1. Tomás
2. André
3. Josué
4. Abel
5. Inês
6. Lúcia
7. Vânia
8. Vítor
9. Doroteia
10. Clécio
11. Cláudio
12. Rômulo
13. Débora
14. Rosângela
15. Mônica
16. Álvaro

pp. 10 e 11, atividade 5

Conhecimento e raciocínio são os diferenciais desse tipo de atividade, que pode ser usada para trabalhar assuntos diversos, tanto ortográficos quanto gramaticais.

Respostas:

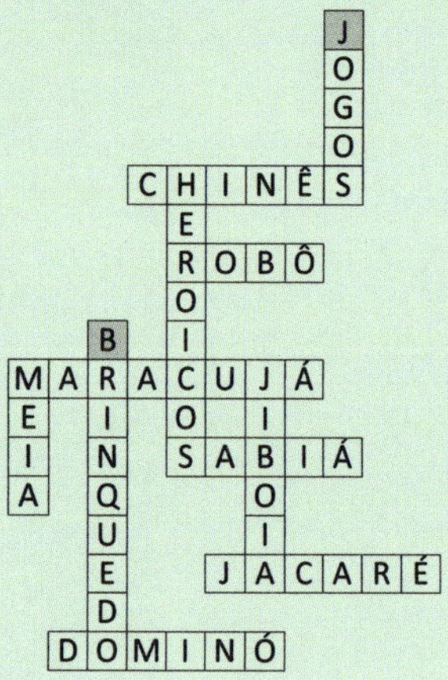

p. 12, atividade 6

Os conceitos gramaticais podem e devem ser explorados tanto em textos como em atividades lúdicas, que auxiliam na apropriação do conhecimento gramatical. As charadas pertencem ao repertório dos alunos e, por isso, são especialmente instigantes para eles.

Respostas:

1. A manga.
2. Tirar extrato.
3. Eu que tiro a roupa e você é que fica vermelho?

a) **Respostas possíveis:** carregar, ir, fazer, tirar, dizer.

b) **Respostas possíveis:** ser, ficar.

p. 13, atividade 7

Esse tipo de atividade explora os conceitos de singular e plural. Outros contextos cotidianos que abordem quantidades também podem servir de base para o trabalho com esses conceitos.

Respostas:

a) Frutas, cavalos, hortaliças, vacas, bezerros, porcos. A letra S indica que há mais de um (indivíduo, unidade), ou seja, indica plural.

b) Casarão, riacho, galinheiro. A ausência do S indica que há apenas um, ou seja, indica singular.

p. 14, atividade 8
Atividades que exijam esse tipo de classificação permitem aos alunos compreender melhor de que forma a ordem alfabética contribui para a organização de dados e informações. Converse com eles a respeito das vantagens desse método de ordenação e proponha novas atividades como essa – um exemplo é a organização de uma agenda de telefone dos colegas.
Resposta pessoal.
Sugestão de resposta: título em ordem alfabética, gênero.

p. 15, atividade 9
O trabalho com atividades desse tipo permite a apreensão dos conceitos gramaticais de forma contextualizada.
Respostas:
a) **Respostas possíveis:** Ralado, fresco, ambiente, inteiros, cremosa, ralado, mole, pronto, geladinho.
b) Porque eles apresentam qualidades que ajudam a explicar como devem ser os ingredientes e como deve estar a mistura em cada etapa da receita.

pp. 16 e 17, atividade 10
Assim como o modelo de atividade anterior, esse modelo permite a exploração contextualizada de conceitos gramaticais, além de aprimorar as habilidades de leitura e escrita dos alunos.
Respostas:
a) *Meritíssimo, você.*
b) *Meritíssimo,* na primeira carta, está incorreto, pois se refere a juízes de direito ou auditores da Polícia Militar; o correto seria *Excelentíssimo* ou *Ilustríssimo. Você* está correto, pois é usado em uma carta entre amigas (uma situação informal).
c) *Nossa* (cidade), *minha* (casa), *sua* (resposta). O primeiro pronome se refere ao diretor do colégio e ao secretário municipal de Educação, ambos moradores de Fortaleza (e, num âmbito mais geral, à população da cidade); o segundo se refere à Mariana; o terceiro se refere à Vivi.

pp. 18 e 19, atividade 11
Esse tipo de atividade permite trabalhar com o uso do hífen de forma lúdica e contextualizada com os significados dos prefixos. Como alternativa, podem-se explorar outros prefixos, convidando o aluno a elaborar frases de sentido oposto, por exemplo.
Respostas: Semiconcluído; hiperativa; pluricultural; contraindicado; microcirurgias.

p. 20, atividade 12
Esse tipo de atividade permite explorar o uso do hífen segundo as regras estabelecidas pelo Novo Acordo Ortográfico da Língua Portuguesa, em vigor desde janeiro de 2009, contribuindo para aprimorar a produção escrita dos alunos.
Respostas: Infraestrutura; super-homem; extraescolares; autorretrato; semiárido.

p. 21, atividade 13
Atividades como essa permitem ao aluno tomar contato com diferentes modos de apresentar informações. Esse tipo de trabalho contribui para a compreensão do texto e ajuda na fluência da produção escrita, uma vez que explora a capacidade de sintetizar e reunir informações segundo um propósito determinado.
Respostas:
Nome: jabutipiranga
Nome científico: *Geochelone carbonaria*
Do que se alimenta: frutas, folhas, flores e, ocasionalmente, invertebrados
Onde vive: grandes áreas abertas de matas e cerrados
Quantos anos vive em média: de 50 a 80 anos

p. 22, atividade 14
Esse tipo de atividade contribui para o desenvolvimento da habilidade de análise do aluno, permitindo a compreensão dos conteúdos por meio da reflexão e da comparação.
Respostas:
Conjunto 1: pacífico.
Conjunto 2: atlântico.
Conjunto 3: fantástico.
Essas palavras estão no lugar errado porque são as únicas proparoxítonas das listas.

p. 23, atividade 15
Atividades de produção como essa promovem a interdisciplinaridade e contribuem para incrementar o repertório informativo dos alunos, ao discutir assuntos sociais relevantes, como a prevenção de doenças. Mais uma vez, é importante lembrar que a revisão deve preceder a publicação do cartaz.
Resposta pessoal.

pp. 24 e 25, atividade 16
Se houver em sua escola um laboratório de informática, a atividade pode ser planejada em tempo real, por meio de um programa de correio eletrônico ou de mensagem instantânea.
Resposta pessoal.

pp. 26 e 27, atividade 17
A narrativa de aventuras é bem complexa e exige conhecimento dos elementos do gênero discursivo, bem como da organização gramatical. Além da reestruturação das ideias e dos parágrafos, pode-se fazer a autocorreção ortográfica. Se a escola tiver sala de informática, uma sugestão é digitar os textos e publicá-los em forma de livro.
Resposta pessoal.

pp. 28 e 29, atividade 18
Esse tipo de atividade permite ao aluno exercitar não só os elementos da narrativa, mas também a relação entre o oral e o escrito.
Resposta pessoal.

Coordenação do projeto: Carochinha

Editores ▪ Diego Rodrigues e Naiara Raggiotti

Produção: Obá Editorial

Coordenação editorial ▪ Simone Oliveira

Edição de arte ▪ Mayara Menezes do Moinho

Diagramação ▪ Luciana Di Pompo e Winnie Affonso

Revisão ▪ Carolina Aidinis, Erika Jurdi e Leonardo do Carmo

Capa ▪ Lais Dias

Dados Internacionais de Catalogação na Publicação (CIP)
(Câmara Brasileira do Livro, SP, Brasil)

Fernandes, Maria
Para brincar de ler e escrever / Maria Fernandes; ilustrações Lais Dias. — São Paulo: Carochinha, 2014. — (Coleção para brincar de ler e escrever; v. 2)

ISBN 978-85-66438-02-4

1. Alfabetização — Literatura infantojuvenil
I. Fernandes, Maria. II. Dias, Lais. III. Título. IV. Série.

14-01894 CDD-028.5

Índices para catálogo sistemático:

1. Alfabetização: Literatura infantil 028.5
2. Alfabetização: Literatura infantojuvenil 028.5

carochinha

rua mirassol 189 vila clementino
04044-010 são paulo sp
11 3476 6616 : 11 3476 6636
www.carochinhaeditora.com.br